Mag. Drs. Gerald Seibold, MBA MPA

Das perfekte Exposé zu einer Dissertation

Leitfaden zur Erstellung und
Musterexposé

4. Auflage 2009
Herstellung und Verlag: Books on Demand GmbH, Norderstedt.
ISBN 978-3-837-00571-4

Einführung

Das Exposé zu einer Dissertation

»Na dann schreiben Sie mal ein Exposé und reichen es mir herein. Ich werde mir die Sache dann überlegen. Auf Wiedersehen!«

Wer das hört, hat den Anfang schon einmal geschafft. Aber das sagt er so leicht, der Herr Professor. Was ist schon ein Exposé? Was soll drin stehen? Wie lang muss es sein? Man will die Dissertation schließlich erst noch schreiben …

Wer in dem obigen Gespräch gleich eingehakt hat und den Professor nach seinen persönlichen Vorstellungen gefragt hat wäre schon einmal einen großen Schritt weiter, denn eine verbindliche Form für Exposés gibt es nicht.

Das schriftliche Exposé steht **am Ende der Orientierungs- und Planungsphase** beim Verfassen einer wissenschaftlichen Arbeit, damit beurteilt werden kann, ob das Vorhaben in der beabsichtigten Form realistisch ist oder noch wesentlicher Modifikationen bedarf. Es ist somit eine nützliche Grundlage für Beratungsgespräche. Das Expose hilft darüber hinaus, dass Sie sich selbst Klarheit über die eigenen Ziele und Möglichkeiten verschaffen. Der Umfang des Exposes für eine Dissertation sollte etwa 10 – 15 Seiten betragen. Exposes sollen darüber hinaus konzeptionelle und logische Schwächen einer Arbeit aufdecken und helfen, Sackgassen und Irrwege zu vermeiden. Sie helfen auch dem Betreuer, seine Arbeit besser wahrzunehmen, da er damit eine Beurteilungsbasis hinsichtlich der Durchführbarkeit und voraussichtlichen Ausgestaltung des Vorhabens erhält. An der Sorgfalt bei der Erstellung kann er auch erkennen, wie ernst es dem Dissertanten mit seiner Forschungsabsicht ist. Teile eines gut geschriebenen Exposés können als direkte oder indirekte Vorlage für bestimmte Abschnitte der eigentlichen Arbeit verwendet werden (Einleitung, methodisches Vorgehen) und stellen somit keinen Verlust an Zeit dar. Erst wenn der Betreuer bei der Lektüre des Exposés den Eindruck hat, dass er es bereits mit einem gut durchdachten und somit realistischen und Erfolg versprechenden Vorhaben zu tun hat, sollte man mit der eigentlichen Arbeit beginnen.

Zweck eines Exposés

ist es daher zum einen, die Fragestellung der Arbeit zu entwickeln, zum anderen wird es auch dazu dienen, den Rahmen der Arbeit zwischen der betreuenden und der betreuten Person zu vereinbaren. Daher ist ein Exposé bei einer selbstgewählten Fragestellung auf jeden Fall sinnvoll, bei einer vorgegebenen manchmal entbehrlich, sollte aber zur eigenen Sicherheit angefertigt werden.

Ein Exposé soll lediglich den **Rahmen des Themas** festlegen und speziell bei empirischen Studien Stichprobe, Design, Variablen und Auswertungsschritte grob umreißen. Es ist keineswegs erforderlich, quasi den theoretischen

Teil der Arbeit im Exposé bereits fertig zu stellen. Sobald man sich über ein Thema im klaren ist, sollte die Erstellung eines Exposés nicht mehr als einige Tage Zeit in Anspruch nehmen. Im Falle eines selbstgewählten Themas dauert es in aller Regel eine erhebliche Zeit bis genau feststeht, was nun gemacht werden soll. Diese Zeit kann deswegen nicht in die häufig übliche Regelfristen zur Erstellung einer Dissertation einfließen. Die Überlegungen zur Arbeit sollten daher schon frühzeitig angestellt werden.

- **Problemstellung**

Sie sollten darlegen, dass sich die Arbeit einer interessanten Frage, einem Problem widmet, das eine wissenschaftliche Untersuchung wert ist. Ausgangspunkt kann z.B. eine Beobachtung in der Praxis, ein in der Öffentlichkeit diskutiertes Thema oder eine in der wissenschaftlichen Forschung bzw. Literatur behandelte Fragestellung sein. Anregungen dazu finden Sie in Lehrveranstaltungen und auf der Website Ihres Instituts.

- **Leitfrage und logisches Gerüst**

Was soll Ihre Arbeit herausfinden? Formulieren Sie dies möglichst präzise in einer Leitfrage. Die Leitfrage kann dann weiter in Unterfragen oder Thesen ausdifferenziert werden. Manchmal ist es sinnvoll, daraus schon gleich eine erste grobe

Gliederung zu entwickeln, die als logisches Gerüst der Arbeit dient.

- **Forschungsstand und Quellenlage**

Gehen Sie auf den Diskussionsstand zum Thema Ihrer Arbeit ein. Dazu ist es notwendig, dass Sie sich einen ersten Überblick über die relevante wissenschaftliche Literatur und etwaige andere Quellen (z.B. Dokumente, Datensätze, Internet) verschaffen. Falls Sie sich mit Ihrer Arbeit auf einem schon entwickelten Forschungsgebiet bewegen, sollten Sie auf Theorien, Hypothesen, Ergebnisse usw. Bezug nehmen.

- **Untersuchungsansatz bzw. –methode**

Wie gehen Sie bei der Bearbeitung Ihres Themas vor? Beschreiben Sie so konkret wie in diesem frühen Stadium möglich, auf welchen Wegen Sie Erkenntnisse (Daten) sammeln und welche Verfahren Sie dabei anwenden (z.B. Auswertung von Literatur bzw. Dokumenten, Sekundäranalyse vorhandener Datensätze, Gespräche mit Gewährsleuten bzw. Experten, eigene Erhebung z.B. durch Medienanalyse, Leitfadeninterviews, schriftliche oder mündliche Umfrage). Wer oder was sind Ihre Untersuchungsobjekte und welchen Untersuchungszeitraum betrachten Sie?

- **Ergebnisse**

Obgleich die Ergebnisse erst am Schluss der Bearbeitung vorliegen, ist es doch ratsam, sich schon von Beginn an Gedanken darüber zu machen, was am Ende herauskommen könnte oder sollte. Dadurch wird Ihr Ziel, das Sie erreichen wollen deutlich und Sie beugen zugleich der Gefahr vor, dass Sie sich in Nebensächlichkeiten verlieren.

- **Projektplan und Machbarkeit**

Üblicherweise haben Sie für Ihre Arbeit nur eine begrenzte Zeit zur Verfügung. Es ist daher wichtig, dass Sie mit Ihrem Zeitbudget ökonomisch umgehen. Am besten ist, Sie stellen einen Projektplan auf, der die einzelnen Arbeitsschritte und den dafür vorgesehenen Zeitbedarf aufweist (evtl. dem Exposé beifügen). Auf jeden Fall sollte aus Ihrem Exposé hervorgehen, dass die geplanten Arbeitsschritte mit Ihren verfügbaren Ressourcen (Zeit, Kenntnisse, Fähigkeiten, eventuell Projektbudget usw.) machbar sind.

Wie sieht's nun im Detail aus?
Was muss ich alles beachten!

Folgende **Aspekte** sollten im Rahmen eines Exposés behandelt werden:

Titel/Thema und thematische Eingrenzung

Hier ist grundsätzlich zu unterscheiden, ob das Thema vorgegeben oder vom Bearbeiter selbst zu formulieren war.

Wurde das Thema **eigenständig entwickelt**, ist im Einzelnen zu erläutern, welche thematische Eingrenzung gewählt wurde. Im Ergebnis muss deutlich werden, dass das Thema weder zu weit noch zu eng formuliert ist und sich im Rahmen der Arbeit überhaupt gewinnbringend bearbeiten lässt. Sich selbst und dem Betreuer der Arbeit gegenüber muss eine gewisse Rechtfertigung erfolgen, dass sich die Durchführung der Arbeit lohnt. Etwa weil eine bestehende Forschungslücke geschlossen wird oder aufgrund einer hohen praktischen Relevanz des Themas.

Ein Thema hat in aller Regel mehrere konstitutive Elemente (Dimensionen), die für sich allein genommen, keine sinnvolle Themeneingrenzung darstellen würden. Zusammen aber ein bearbeitbares, eingegrenztes Gebiet ergeben - sozusagen eine **thematische Schnittmenge**. Beispiel:

Die thematischen Elemente "Unternehmenskultur" und "Führungsstile" sind jedes für sich genommen sehr weite inhaltliche Felder, die in dieser Form kaum sinnvoll bearbeitet werden können. Kombiniert zu einem **Arbeitsthema** wie z.B. "Der Führungsstil als Element der Unternehmenskultur" wird hingegen ein bearbeitbares Themenfeld sein.

Es gilt also, die unterschiedlichen **Aspekte** oder **Dimensionen** des Themas ausdrücklich zu benennen. Dabei kann es sich beispielsweise handeln um

- eine betriebswirtschaftliche **Funktion** (z.B. Beschaffung, Absatz, Produktion, Personalmanagement)
- einen bestimmten **Typ von Organisation** oder **Unternehmung** (z.B. Dienstleistungsunternehmen, mittelständische Unternehmen, Non-Profit-Organisationen)
- eine spezielle **geographische Ausrichtung**
- ein oder mehrere **theoretische Modelle, Konzepte o.ä.** (z.B. Transaktionskostentheorie, Hofstedes Modell der Kulturdimensionen, Dahrendorfs konflikttheoretischer Ansatz, Perlmutters Modell der kulturellen Orientierung internationaler Unternehmen etc.).

Zielsetzung

Eine gut formulierte Zielsetzung gibt der Arbeit eine **klare Richtung**: z.B. welcher Beitrag zur wissenschaftlichen Diskussion soll geleistet werden? Was soll an Empirie, konzeptuellen Grundlagen oder Anwendungen neu geschaffen werden? Was soll nach Fertigstellung der Arbeit mehr an Wissen über das bearbeitete Forschungsobjekt vorhanden sein als vorher?

Die Zielsetzung der Arbeit kann darin bestehen

- eine oder mehrere **Forschungsfragen** zu beantworten
- eine oder mehrere **Hypothesen** zu testen
- eine sonstige **Aufgabe** zu lösen, z.B. ein konzeptionelle Lücke innerhalb des betriebswirtschaftlichen Theoriebestandes zu schließen bzw. einen Beitrag hierzu zu leisten.

Um sich für die Arbeit ein angemessenes, d.h. lohnenswertes und auch realistisches Ziel zu setzen, ist es hilfreich, sich der verschiedenen denkbaren ***wissenschaftstheoretischen Forschungsansätze*** bewusst zu sein.

Wissenschaftliche Forschungsansätze

Ein klassischer Forschungsansatz innerhalb der Wirtschafts- und Sozialwissenschaften ist die sog. **realwissenschaftliche Wissenschaftszielsetzung**. Forschungsprojekte, die diesem Ansatz folgen, haben zum Ziel, faktisch (empirisch) wahre Aussagen über die Realität zu gewinnen.

Dabei kann es sich um einfache **deskriptive** (beschreibende) Aussagen handeln, etwa um die Beantwortung der Frage, für welche Art von Tätigkeiten Manager einer bestimmten Hierarchieebene den Hauptteil ihrer Arbeitszeit verwenden. Solche Aussagen können rein formal gesehen ohne Weiteres aufgestellt werden, die Frage ist nur jeweils, wie stark die empirische Untermauerung (Evidenz, Beweisbarkeit) ist. Der praktische Nutzen entsprechender Forschungsprojekte kann v.a. in der unmittelbaren Verwendung der neu gewonnenen deskriptiven Erkenntnisse gesehen werden.

Des weiteren kann es um **explanative** (von lat. explanare = erklären) Aussagen gehen, z.B. um die Frage wovon es abhängt, ob beim Eintritt in einen ausländischen Markt der Weg einer Neugründung oder der Aufkauf einer bestehenden Unternehmung gewählt wird. Hier geht es stets um Ursache- Wirkungs-Zusammenhänge.

Das **Problematische** an der Anwendung des realwissenschaftlichen Ansatzes (v.a in seiner explanativen Ausprägung) im Bereich der Wirtschafts- und Sozialwissenschaften besteht darin, dass er ursprünglich von den Naturwissenschaften geprägt wurde. Gleichzeitig sind die Forschungsgegenstände und die Forschungsbedingungen in beiden Bereichen jedoch grundlegend zu unterscheiden.

Ein **Hauptproblem** besteht beispielsweise darin, dass sich die Randbedingungen in den Sozialwissenschaften ungleich schwerer kontrollieren lassen als bei naturwissenschaftlichen Experimenten. Gruppen von Unternehmen oder Mitarbeitern lassen sich nicht annähernd so störungsfrei beobachten und untersuchen wie Bakterien oder Moleküle in einem abgeschirmten Labor. Ein weiteres grundlegendes Problem besteht in der Messbarkeit sozialwissenschaftlicher Größen. Wie will man etwa Variablen und Ergebnisgrößen wie Betriebsklima, Kreativität, Unternehmenserfolg oder Durchsetzungsvermögen in der Praxis messen? Oftmals besteht noch nicht einmal Einigkeit darüber, wie die einzelnen Größen zu definieren sind.

Verlässliche explanative Aussagen sind also im sozial- und wirtschaftswissenschaftlichen Bereich nur unter erschwerten Bedingungen zu gewinnen. Manche Forschungsgegenstände sind schlichtweg von vornherein empirischen Untersuchungen nicht zugänglich, oder aber der Aufwand wäre unverhältnismäßig hoch. Ein erfolgreiches empirisch angelegtes Forschungsobjekt stellt in jedem Fall hohe Anforderungen an das **methodische Forschungsdesign** (Methodenwahl, Stichprobenart und - umfang, Datenanalyse, Formulierung von Hypothesen und Forschungsfragen). Aus dem Exposé muß deshalb hervorgehen, dass alle diese Voraussetzungen erfüllt sind. Andererseits kann man sich bei der realwissenschaftlichen Arbeit natürlich auch auf **Plausibilitätsaussagen** konzentrieren und meist wird man ganz ohne solche Aussagen nicht auskommen. Allerdings muss man sich dann über den Plausibilitätscharakter bewusst sein, denn viele scheinbar "plausible" Aussagen wurden bereits von empirischen Untersuchungen widerlegt, z.B. das sog. Phasentheorem der Entscheidung, bei dem angenommen wurde, dass innerhalb eines Entscheidungsprozesses die Teilprozesse "Informationssuche", "Informationsauswertung" und "Alternativenauswahl" sequentiell nacheinander ablaufen bzw. ablaufen müssen. Im Rahmen empirischer Untersuchungen wurde jedoch dann festgestellt, dass die verschiedenen Prozesse mehr oder weniger gleichzeitig durchgeführt wurden. Die ursprünglich auf Plausibilität beruhende Theorie musste also modifiziert werden. Viele sinnvolle und realistische Forschungsvorhaben im Rahmen von Seminar- und Diplomarbeiten sind ganz oder überwiegend der sog. **idealwissenschaftlichen Wissenschaftszielsetzung** zuzuordnen. Hierbei geht es darum, durch analytisches Denken **Ideen, Konzepte, Theorien** und **Modelle** zu entwickeln, die helfen, die oft sehr komplexe Realität zu strukturieren und gegebenenfalls Orientierungshilfen hinsichtlich sinnvoller Handlungs- und Gestaltungsmöglichkeiten zu geben. Es handelt sich nicht um Aussagen, "dass etwas so ist und nicht anders" (das wäre realwissenschaftlich), vielmehr wird die Realität auf bestimmte Weise strukturiert. Beispiel: die Konstrukte "Teilnahmeentscheidung" und "Beitragsentscheidung" im Rahmen der Anreiz - Beitrags-Theorie.

Zurückhaltung sollte generell hinsichtlich sog. **normativ- idealwissenschaftlicher Aussagen** geübt werden. Dieser Ansatz ist dadurch gekennzeichnet, dass Empfehlungen oder Aufforderungen gegeben werden, wie man sich normativ-ethisch verhalten soll. Die Aussagen beziehen sich darauf, welche **Ziele** inhaltlich zu verfolgen sind. Zur Unterscheidung: Im Rahmen von realwissenschaftlichen Aussagesystemen können zwar auch Empfehlungen formuliert werden, diese schreiben aber nie "letzte" Ziele vor (z.B. Gewinnorientierung, soziale Effizienz), sondern beziehen sich darauf, auf welche Art und Weise als gegeben betrachtete Ziele am besten erreicht werden können (wie sich der Gewinn maximieren lässt, wie sich das Betriebsklima verbessern lässt).

Die unterschiedlichen Wissenschaftszielsetzungen schließen sich keinesfalls gegenseitig aus. Empirisch ausgerichtete Arbeiten beziehen sich beispielsweise oft auf bestimmte Modelle und Theorien, die zuvor erst einmal im Rahmen analytisch-idealwissenschaftlicher Forschung entwickelt werden mussten. Häufig sollen dabei bestimmte Hypothesen, die Teil von Modellen sind oder aus ihnen abgeleitet wurden, im Rahmen empirischer Forschung getestet werden. Andererseits werden auch die Bearbeiter von idealwissenschaftlich orientierten Ansätzen kaum umhin kommen, realwissenschaftliche Aussagen zu treffen, auch wenn sie nicht den Anspruch haben, diese empirisch zu überprüfen. Viele Modelle und Theorien gehen auch von realwissenschaftlich gewonnenen (oder zumindest überprüfbaren)

Prämissen (Annahmen) aus und auf diesen wird dann durch logisches Denken aufgebaut; in einem solchen Falle sind die Prämissen durch Empirie beweisbar oder widerlegbar, die darauf aufbauenden Aussagen durch analytisches (idealwissenschaftliches Denken).

Fragen, Hypothesen und andere Zielsetzungen

Für manche Arbeiten lassen sich eine oder mehrere **Forschungsfragen** formulieren, die die Zielsetzung dann mehr oder weniger erschöpfend kennzeichnen. Dies ist bei empirisch ausgerichteten Arbeiten der Fall (z.B. "welchen Prozentsatz ihrer Zeit widmen Top-Manager der Auseinandersetzung mit strategischen Fragestellungen?"). Nicht immer ist es dabei möglich oder sinnvoll eine **Hypothese** zu formulieren, denn dies setzt voraus, dass man bereits eine einigermaßen begründete Vermutung hinsichtlich eines zu erforschenden Sachverhaltes hat. Will man z.B. die Frage bearbeiten wodurch Vertriebsingenieure in ihrer Arbeit motiviert werden, kann man ganz offen forschen oder mit Hypothese, z.B. "Vertriebsingenieure sind ausschließlich an der Maximierung ihres Einkommens interessiert". Im letzteren Falle müssten aber bereits bestimmte Anhaltspunkte für die Relevanz einer solchen Annahme vorhanden sein - etwa aufgrund von vorausgegangenen Untersuchungen oder Erfahrungen.

Bei **theoretisch-konzeptionell** ausgerichteten Arbeiten kommt es eher darauf an neue Konzepte, Modelle und Theorien zu entwickeln bzw. weiterzuentwickeln oder miteinander zu verbinden, oder auch einfach nur auf konkrete Sachverhalte oder Situationen anzuwenden. Hier hat man es dann mit einer Aufgabe zu tun, die nicht in erster Linie als Frage oder sogar Hypothese zu formulieren wäre, sondern es handelt sich eher um einen einfachen (Forschungs-) **Auftrag** der sich als Imperativ formulieren lässt, z.B. "wende die austauschtheoretische Konflikttheorie auf öffentliche Kultureinrichtungen an."

Forschungszusammenhang

In diesem Abschnitt des Exposés geht es darum, Antworten auf **Fragen** wie folgende zu formulieren:

- Was sind die beteiligten wissenschaftlichen (Unter-) **Disziplinen**?
- Was sind in Bezug auf das gewählte Thema die wichtigsten **Theorien, Modelle, Konzepte, Denkansätze und -schulen, wissenschaftlichen Kontroversen, empirischen Untersuchungen** (z.B. Transaktionskostentheorie, Modell der Grundwettbewerbsstrategien, Anreiz-Beitrags-Theorie, Hofstedes Untersuchungen zur Landeskultur, der Organizational-Politics-Ansatz)?

- In welchen grundlegenden **wissenschaftlichen Veröffentlichungen** (Bücher, Artikel) finden sich diese Theorien, Modelle, Konzepte und empirischen Ergebnisse und welche **Autoren** haben hier Maßgebliches geleistet?
- Wie verhält sich die geplante Arbeit zu den bisherigen Arbeiten auf diesem Gebiet, also zum **aktuellen Stand der Forschung**. Handelt es sich um die Bearbeitung einer neuen, innovativen Fragestellung, um eine neuartige Kombination bisher unverbundener Modelle und Theorien, um die Anwendung einer Theorie auf ein praktisches Phänomen oder um die 1 Replikation einer vorangegangenen Studie?

An dieser Stelle sollte eine **Liste** mit den bereits identifizierten **Quellen** beigefügt werden. Darüber hinaus sollte jedoch auch anhand von besonders relevanten Quellen eine Inhaltsangabe bzw. Zusammenfassung der wichtigsten **Theoriebausteine** der Arbeit gegeben werden und auch bereits angedeutet werden, wie die verschiedenen Elemente inhaltlich miteinander verbunden werden sollen.

Methodische Vorgehensweise

Das methodische Vorgehen leitet sich im Wesentlichen aus der **Zielsetzung** der Arbeit ab. Welche verschiedenen Schritte müssen unternommen werden, um die gesetzten Ziele

(Erfüllung eines Forschungsauftrages, Beantwortung einer oder mehrerer Forschungsfragen, Testen von Hypothesen) zu realisieren.

Den meisten Erklärungsbedarf gibt es bei stärker empirisch ausgerichteten Forschungsprojekten. Hier hängt der Erfolg davon ab, ob die richtigen Methoden gewählt wurden um die erforderlichen **Daten** zu gewinnen und zu analysieren. Im Exposé müssen sich deshalb Antworten auf Fragen finden wie:

- Welche Daten (nach Art und Umfang) werden benötigt, um die Forschungsfrage(n) beantworten zu können?
- Welche Daten müssen **neu generiert werden** (Primärdaten) und welche können aus bereits bestehenden Datenquellen übernommen werden (Sekundärdaten)?
- Mit Hilfe welcher **Methoden der Datenerhebung** (z.B. Fragebogen gestützte Umfrage, Gruppeninterviews, Einzelinterviews, Fallstudie, Dokumentenanalyse) sollen die benötigten Daten erhoben werden?
- Soll der methodische Forschungsansatz eher **quantitativ** (großer Stichprobenumfang, standardisierte Vorgehensweise) oder eher **qualitativ** bzw. **explorativ** sein?
- Wie sollen die gewonnenen Rohdaten **analysiert** und **ausgewertet** werden?

Wichtig ist auch eine Stellungnahme zum voraussichtlichen **chronologischen Ablauf** des

Forschungsprojekts. Bei einer entsprechenden Ausrichtung sollte das Exposé also auch einen Zeitplan für die Durchführung des Projektes enthalten (siehe dazu auch den gesonderten Abschnitt weiter unten).

Insgesamt muss deutlich werden, dass die selbst gesteckten Forschungsziele mit Hilfe des gewählten Forschungsdesigns realistischerweise erreicht werden können und dass die Methoden selbst durchführbar sind. Probleme hinsichtlich der Realisierbarkeit können sich hinsichtlich eines **hohen Zeitbedarfs** ergeben (z. B. hohe Fragebogenauflage, hohe Zahl geplanter Interviews), in Bezug auf die **Kosten** (Porto, Telefon, Reisen) oder den **Zugang zu relevanten Quellen** (Gesprächspartner, vertrauliche Informationen).

Ist bereits zum jetzigen Zeitpunkt klar, dass eine bestimmte Methode verwendet werden soll, ist es eine gute Idee, mögliche **Vorentwürfe** von einzelnen **Instrumenten der Datenerhebung und -analyse** dem Exposé beizufügen (z.B. Gesprächsleitfaden für Interviews, Fragebogen bei schriftlichen Umfragen, Auswertungsschema bei Dokumentenanalyse).

Zu weiteren Überlegungen hinsichtlich des methodischen Vorgehens bei empirisch angelegten Forschungsprojekten sei hier auf die einschlägige Literatur zu diesem Thema verwiesen.

Zeitplan

Wie bei jedem langfristig angelegten komplexen Projekt empfiehlt es sich auch für eine Dissertation, einen möglichst detaillierten Zeitplan auszuarbeiten und dieser sollte ebenfalls dem Exposé beigefügt werden und u.a. folgende Fragen beantworten:

- In welchen **Schritten** sollen die Forschungsziele verwirklicht werden?
- Welche **Aktivitäten** sind durchzuführen und in welcher Reihenfolge?
- Welcher **Zeitbedarf** ist jeweils einzukalkulieren?

Beispiel:

Aktivität - Zeitbedarf - abgeschlossen bis ...

Test des Fragebogens an Mitstudenten - zwei Wochen - Ende April

Versendung der Fragebögen - eine Woche - Mitte Mai

Literatursuche und -studium - acht Wochen

Strukturierung des theoretischen Teils - ... - Mitte Juni

telefonisches Nachhaken versendete Fragebögen - zwei Wochen - Ende Juli

Vorläufige Gliederung

Erst wenn die vorhergehenden Punkte logisch überzeugend und ausreichend detailliert beantwortet werden konnten kann eine sinnvolle **Gliederung** erstellt werden.

In der Gliederung schlagen sich die **theoretischen Bausteine**, aber auch die **Zielsetzung** direkt oder indirekt nieder bzw. aus der Zielsetzung leitet sich die Gliederung als Aufbau der Arbeit mehr oder weniger zwingend ab.

Bereits in der Gliederung sollte deutlich werden, dass innerhalb der Arbeit die Beantwortung des eigentlichen Themas platzmäßig den überwiegenden Teil einnehmen wird. Im Vergleich zu einführenden und vorbereitenden Ausführungen (meist Definitionen und Erläuterungen zu den in der Arbeit verwendeten Modellen und Theorien). Neben den geplanten Kapiteln und Gliederungspunkten sollte die Gliederung deshalb auch Angaben darüber enthalten, welcher **Umfang** für die verschiedenen Abschnitte vorgesehen ist (gemessen in Seitenzahlen oder als Prozentsatz des gesamten Umfangs der Arbeit).

Dieser Punkt kann gar nicht genug betont werden, denn in diesem Bereich scheitern letztlich viele Arbeiten. Beispiel wie es nicht sein sollte: Eine Arbeit zu dem Thema "Das Internet als Instrument der Personalmarketingforschung" befasst sich vom Seitenvolumen her zunächst zu 40% ausschließlich mit dem Internet (ohne Bezug zum eigentlichen

Thema), dann geht es weiter mit allgemeinen 40% zum Thema "Personalmarketing" und erst in den verbleibenden 20% geht es um die eigentliche Fragestellung. Bereits im Exposé sollte deshalb deutlich gemacht werden, dass eine umgekehrte Vorgehensweise praktiziert wird (also z.B. ein Verhältnis von 10% zu 10% zu 80%). Die Forschung wird direkt auf die zentrale Thematik konzentriert, die verschiedenen Aspekte werden direkt miteinander verknüpft; davor findet sich nur das, was an Definitionen und anderen allgemeinen Ausführungen bei der eigentlichen Bearbeitung als Grundlage vorausgesetzt werden muss.

Die isolierte Darstellung der einzelnen Elemente mag zwar helfen Seiten zu füllen, meist sind die verschiedenen Theorien und Modelle jedoch bereits in ausreichendem Maße in der einschlägigen Literatur dargestellt worden, so dass hier keine originelle eigenständige Leistung mehr zu erbringen ist. Man sollte sich vielmehr auf das noch zu bearbeitende "wissenschaftliche Neuland" begeben und einen eigenen kreativen und originellen Beitrag zum bestehenden Wissens- und Theoriebestand leisten.

1. Muster-Exemplar eines bereits eingereichten und angenommenen Exposés aus Soziologie

Nachfolgend ein Muster-Exemplar eines bereits eingereichten Exposés als Anhalt für Form und Inhalt.

Thema: Karriereverläufe von Abgängern berufsbildender höherer Schulen: Analyse der Berufskarrieren von Absolventen berufsbildender höherer Schulen in Oberösterreich

Status: Genehmigte Dissertation

Exposé

des Dissertationsprojektes zur Erlangung des akademischen Grades eines Doktors der Sozial- und Wirtschaftswissenschaften

Thema:	**„Karriereverläufe von Abgängern berufsbildender höherer Schulen: Analyse der Berufskarrieren von Absolventen berufsbildender höherer Schulen in Oberösterreich"**
Universität:	Johannes Kepler Universität Linz Institut für Soziologie Abteilung für empirische Sozialforschung
vorgelegt von:	Mag. Gerald Seibold, MBA MPA

Darstellung des Forschungsvorhabens

In der österreichischen Bildungslandschaft spielen die verschiedenen Aspekte der beruflichen Bildung eine wesentliche Rolle. Die hohe Attraktivität des Berufsbildungsangebotes findet ihre Entsprechung unter anderem darin, dass etwa 80% der Absolventen der Pflichtschule einen beruflichen Bildungsgang mit einer ausgeprägten Angebotsvielfalt wählen. Durch die vorhandene Differenzierung im schulischen und im dualen Ausbildungsbereich wird ermöglicht, dass die Jugendlichen ihre Stärken, Neigungen und Begabungen zur Entfaltung bringen können. Die Qualität des österreichischen Berufsbildungssystems lässt sich neben der internationalen Anerkennung auch in der geringen Ausprägung der Jugendarbeitslosigkeit erkennen. Im europäischen Vergleich verfügt Österreich über die höchste Quote an Absolventen der Sekundarstufe II, was nicht zuletzt den zahlreichen Berufsbildungsmöglichkeiten nach der Pflichtschule und der Vermittlung von spezifischen Kompetenzen geschuldet ist, die in anderen Ländern erst auf der postsekundären und tertiären Ausbildungsebene erworben werden.

Der Erwerb beruflicher Kompetenzen und Qualifikationen steht, neben der fundierten Allgemeinbildung, im

Mittelpunkt der Ausbildung an Berufsbildenden Höheren Schulen (BHS). Durch diese Charakteristik eröffnet sich den AbsolventInnen sowohl der direkte Einstieg in das Berufsleben als auch eine Vielfalt an Möglichkeiten zur Weiterbildung und Qualifizierung. Die fünfjährige Berufsbildende Höhere Schule (BHS) bietet eine vertiefte Allgemeinbildung und eine hochwertige fachliche Ausbildung, die Theorie und Praxis miteinander verbindet. Sie schließt mit einer Reife- und Diplomprüfung im Sinne einer Doppelqualifikation ab. Die AbsolventInnen erhalten den allgemeinen Hochschulzugang, erwerben die Qualifikation für gehobene Tätigkeiten und erhalten Zugang zu reglementierten Berufen.

Unter Berücksichtigung der engen Verknüpfung des Ausbildungs- und Beschäftigungssystems im beruflichen Schulwesen kann den beruflichen Schulen eine Schlüsselrolle attestiert werden, die einhergeht mit einem hohen Innovations- und Anpassungsdruck, der sich aus der progressiven technologischen Weiterentwicklung und dem exponentiell steigenden Wissenszuwachs ableiten lässt. Synchron können auch Veränderungen im Ausbildungsverhalten der Betriebe beobachtet werden, die sich im Kontext der Vorzüge einer dualen Ausbildung bei der Ausbildungsentscheidung temporär an ökonomischen Abwägungen orientieren. Der Frage des

Nutzens einer Erstausbildung scheint bei der Gestaltung der Berufsausbildung eine größere Bedeutung zuzukommen. Zeitgleich kann aber auch eine Zunahme der Zahl von Jugendlichen beobachtet werden, die keinen unmittelbaren Weg zum Ausbildungsmarkt erhalten und staatlicher Maßnahmen bedürfen. Unter Berücksichtigung dieser Aspekte wurden bundesweit Anstrengungen unternommen, den Schulen weitere Gestaltungs- und Entscheidungsfreiräume zu schaffen, die auf operativer regionaler Ebene eine schnellere und effizientere prozessuale Beteiligung ermöglichen. Die Erweiterung der lokalen Handlungs- und Entscheidungskompetenzen impliziert gleichsam die Frage nach der Qualität und Verantwortung bei der Erfüllung des verfassungsrechtlich verankerten Bildungs- und Erziehungsauftrages der Schulen.

Die geplante Dissertation möchte im Kontext dieses skizzierten Gegenstandsbereiches die Qualität und Effizienz der beruflichen Bildung in den Berufsbildenden Höheren Schulen thematisieren und in Form der Analyse von Determinanten und Strukturen des beruflichen Einstiegs von Absolventen dieser Schulen untersuchen. Der berufliche Einstieg von Absolventen der genannten Bildungseinrichtungen erscheint ein geeigneter und aussagefähiger Indikator für die Wirksamkeit des Einsatzes und der Umsetzung schulpolitischer Instrumente zu sein, die in Dependenz zu den wirtschaftlichen Entwicklungen Aussagen über die Qualität der Erfüllung des Erziehungs- und Bildungsauftrages ermöglichen. Die Dissertation soll einen Beitrag zur wissenschaftlichen Diskussion um Aspekte von Schullaufbahnentscheidungen, Bildungsprogrammen und deren Folgen für den beruflichen Einstieg der AbsolventInnen darstellen, der am Beispiel des Wirtschaftsstandortes Linz in Form der Fokussierung von Absolventen der BHS illustriert werden soll.

Als Arbeitsthema für die geplante Dissertation wurde gewählt: „Karriereverläufe von Abgängern Berufsbildender Höherer Schulen: Analyse der Berufskarrieren von Absolventen Berufsbildender Höherer Schulen in Linz". Als vorläufiges Ziel soll im Kontext der bisherigen thematischen Eingrenzung die Bildung von Karriereeinstiegs- und Karriereverlaufstypen antizipiert werden, die als Cluster für typische Karrieremuster relationale Informationen über die zugrunde liegende Schulbildung der Absolventen und weitere Determinanten des Berufseinstiegs, wie die soziale und ökonomische Situation, die Weiterbildungsbeteiligung oder den Arbeitsmarktverbleib, bieten. Anhand der

Analyse von Berufskarrieren von Absolventen der BHS sollen letztlich erfolgreiche Berufskarrieren hinsichtlich ihrer wesentlichen Bestimmungsmerkmale charakterisiert und kategorisiert werden. Zusammengefasst soll mit dem Dissertationsprojekt das Ziel verfolgt werden, auf der Grundlage spezifischer berufsbildender Prozesse den Eintritt von Absolventen in das Berufsleben zu analysieren und die Ergebnisse des Forschungsprojektes in Form von Clustern typischer Karrieremuster darstellen zu können. Die Bewältigung dieser Statuspassage wird dabei auf Strukturen und Faktoren sozialer Ungleichheit einerseits, Determinanten individuellen Handelns (Stichwort: Individualisierung) andererseits bezogen, um ihn dadurch zu verstehen und zu erklären.

Theoretischer Hintergrund

Der Berufseinstieg ist die letzte Etappe auf dem längeren Weg des Einzelnen vom Ende seiner Schulausbildung bis zum Eintritt in die Erwerbsarbeit. Er ist Bestandteil der Statuspassage Jugend – Erwachsenenalter, welches üblicherweise in zwei Schwellen unterteilt wird, wobei die erste Schwelle durch den Übergang Schule/Berufsausbildung, die zweite Schwelle durch den Übergang Berufsausbildung/Berufseinstieg markiert ist. Beide Schwellen sind durch institutionelle und strukturelle

Bedingungen gerahmt, bieten den Individuen jeweils spezifische Chancen wie sie ebenso spezifische Restriktionen oder typische Schwierigkeiten zeigen[1].
In einem ersten Schritt gilt es daher, diesen Möglichkeitsraum für die Absolventen der BHS aufzuzeigen, d. h. welche konkreten Chancen eröffnet dieser Bildungs- und Berufsabschluss; welcher Berufseinstieg oder Hochschulzugang ist damit möglich. Beleuchtet dies eher die institutionell-rechtliche Seite, soll in einem zweiten Schritt Dynamik und Nachfragesituation nach Berufs- und Bildungsqualifikationen auf dem österreichischen Arbeitsmarkt nachgegangen werden. Denn die Verwertbarkeit von Bildungs- und Berufsabschlüssen bemisst sich im Wesentlichen auch daran, wie gefragt diese Qualifikationen letztlich sind. Wirtschafts- und Arbeitsmarktentwicklung sind dabei hochdynamische Subsysteme, denen die Anpassung innerhalb des Berufsbildungssystems oft hinterherhinkt. Insofern gilt es an dieser Stelle auch nach Friktionen und Missmatch-Phänomene zwischen Ausbildungssystem und Wirtschaftssystem zu fragen. Dahinter verbirgt sich der grundlegende Wandel westlicher Industrienationen zu postindustriellen Dienstleistungs- und Wissensgesellschaften, welcher weitreichende

[1] Vgl. Heinz (1995)

Transformationen in den nachgefragten Qualifikationen, der Berufskonzeption und „normalen" Arbeitszeitorganisation (Normalarbeitszeitverhältnis) und der neuen Verbindung permanenten, „lebenslangen" Weiterbildens und Neulernens evoziert[2].

Dieser Wandel in der Basis gesellschaftlicher Produktionsverhältnisse ist begleitet von, darauf reagierenden wie auch separat, auf eigene kulturelle Faktoren ruhenden Prozessen veränderter Lebensführung und Lebensplanung (Stichwort: Individualisierung)[3]. Für diese Dissertation ist diese Entwicklung, die im theoretischen Teil kurz nachgezeichnet werden soll, von zentraler Bedeutung. Bestimmte früher die soziale Herkunft, das Aufwachsen in identifizierbaren und in der sozialen Hierarchie eindeutig lokalisierbaren Milieus sehr direkt individuelle Lebenschancen und Berufskarrieren, behauptet dagegen die Individualisierungsthese im Kern die Entkopplung individueller Lebenschancen und Lebensführung von den prägenden Einflüssen sozial-moralischer Herkunftsmilieus. Im Gegensatz dazu hat die von Pierre Bourdieu inspirierte Forschung die Fortwirkung von Klassen- und Schichtstrukturen – vermittelt über Distinktion der „feinen" d.h. kulturellen, nur in der

2 Vgl. Deutschmann (2002)

3 Vgl. Beck (1986), Junge (2002)

Lebensführung und in Einstellungen auffindbaren Unterschieden[4] – auf Bildungs- und Berufskarrieren verdeutlicht (v. a. in Deutschland ist dieser Effekt nach wie vor augenscheinlich)[5]. Die Dissertation möchte diesen Forschungsansatz und diese Problemstellung auf Österreich (genauer: Oberösterreich) anwenden, um zu klären, ob und inwieweit soziale Ungleichheit auch hier über „feine" Unterschiede markiert und reproduziert wird, und ob dies letztlich Einfluss auf Bildungschancen und Berufskarrieren hat.

Forschungsfragen

1. Welche typischen Muster des Berufseinstiegs gibt es? Inwieweit stehen sie in Abhängigkeit von regionalen, sozialen und geschlechtlichen Faktoren?

2. Wie wird soziale Ungleichheit über das Treffen von Ausbildungsentscheidungen reproduziert?

3. Hat die BHS einen positiven Effekt auf die Verringerung sozialer Ungleichheit?

---

4 Vgl. Bourdieu (1983), (1987)

5 Vgl. Vester (2004)

Erläuterungen

Welche typischen Muster des Berufseinstiegs gibt es? Inwieweit stehen sie in Abhängigkeit von regionalen, sozialen und geschlechtlichen Faktoren?

Der Abschluss der Berufsbildenden Höheren Schulen erlaubt den Absolventen den direkten Berufseinstieg wie die weitere Qualifikation durch ein Hochschulstudium. In einem ersten Untersuchungsschritt möchte diese Dissertation die typischen Verlaufsformen an der 2. Schwelle identifizieren. Dabei wird vermutet, dass es bezüglich der sozialen Herkunft (sozialstrukturelle Lagen/Milieus), der regionalen Herkunft (Großstadt, Kleinstadt, ländlicher Raum) und des Geschlechts (Männer/Frauen) signifikante Unterschiede gibt, bezogen auf den direkten Einstieg in das Erwerbsleben wie auch den Übergang in eine Hochschulausbildung. Die Optionenvielfalt, über die Absolventen verfügen, kommt damit ebenso in den Blick wie typische Schwierigkeiten und Probleme, denen sie ausgesetzt sind.

Wie wird soziale Ungleichheit über das Treffen von Ausbildungsentscheidungen reproduziert?

Bildungsprozesse und Bildungszertifikate, so zeigte zuletzt sehr eindringlich die PISA-Studie v. a. für Deutschland, üben einen großen Einfluss auf individuelle Statuspositionen aus. Statushohe Positionen in Wirtschaft und Gesellschaft sind meist nur über hohe Bildungsabschlüsse zu erreichen; es existieren also deutliche vertikale Mobilitätsbarrieren als Replikator sozialer Ungleichheit. Für Deutschland hat sich gezeigt, dass trotz des meritokratischen Versprechens des Bildungssystems der Erfolg von Schülern im Schulwesen stark von deren sozialen Herkunft abhängt[6].

Dieser Effekt kann auf zwei Mechanismen zurückgeführt werden: 1. Selektionsprozesse innerhalb des Bildungssystems (Unterrichtsgestaltung, Unterrichtsinhalte, Schulklima etc.) führen systematisch und nicht immer explizit zur Differenzierung und Homogenisierung der Schülerschaft gemäß ihrer sozialen Herkunft (in Deutschland über das viergliedrige Schulsystem: Sonderschule – Hauptschule – Realschule – Gymnasium – institutionalisiert); so dass bereits während der Schulzeit

[6] Vgl. exemplarisch Radtke (2004), Vester (2004)

die wichtigsten Weichenstellungen für individuelle Berufskarrieren gestellt werden[7].

2. sind Bildungskarrieren Effekte mehrstufiger Entscheidungsprozesse, die in den Familien der Schüler und Auszubildenden getroffen werden. Hier werden Optionen und Erfolgswahrscheinlichkeiten unterschiedlicher Bildungswege abgewogen. Folgt man der Wert-Erwartungstheorie ist die Erfolgswahrscheinlichkeit, die Kalkulation von Kosten und Nutzen sowie der Wahrscheinlichkeit des Eintritts des Erfolgs primär erklärender Faktor für Bildungsentscheidungen[8]. Demgegenüber zeigen kultursoziologische Studien, wie stark das Evaluation und Entscheidungen bezüglich Ausbildungswegen und Berufswahl vom sozialen Herkunftsmilieu abhängen. Dies bezieht sich nicht nur auf objektiv messbare Faktoren wie Einkommen, Bildungsgrad der Eltern oder Berufsposition (als Gradmesser für den sozialen Status), sondern in erster Linie auf Wissensbestände, Wertvorstellungen, Weltanschauungen bezüglich der „richtigen" Lebensführung und höherer Bildung[9].

---

[7] Vgl. Kristen (2003)

[8] Vgl. Becker (2000)

[9] Vgl. Grundmann/Groh-Samberg et. al. (2003)

Hier soll zunächst dieser zweiten Fragestellung nachgegangen werden. Die qualitativ ausgerichteten Befragungen der Absolventen von Berufsbildenden Höheren Schulen erlauben die Rekonstruktion der bildungsrelevanten Entscheidungen, wie auch der Rekonstruktion des lebensweltlichen Kontexts ihrer Herkunftsmilieus. Wichtig ist dabei vor allem die Klärung des Entscheidungsprozesses an der 1. Schwelle, da hier ein breites Optionenspektrum zur Verfügung steht, an welchem sich Effekte sozialer Herkunft besonders leicht zeigen können. Insgesamt ist daran ersichtlich, inwieweit milieuspezifische Bildungsstrategien verfolgt werden, oder ob es zu Aufstiegs- (oder Abstiegsprozessen) kommt.

3. Hat die BHS einen positiven Effekt auf die Verringerung sozialer Ungleichheit?

Mit Hilfe der Analyse zu Frage 2 konnten die Absolventen der BHS zu ihrer sozialen Herkunft in Beziehung gesetzt werden. Auch die identifizierten Karrieretypen zu Frage 1 lassen sich nun auf die soziale Herkunft der Absolventen beziehen, so dass deutlich wird, in welchem Ausmaß die Berufsbildenden Höheren Schulen die soziale Lage ihrer Schüler lediglich reproduziert oder ob sie gar einen Effekt zur Verringerung sozialer Ungleichheiten durch die

Beförderung von Aufstiegsprozessen ausüben. Das heißt, ob organisatorische wie pädagogische Bedingungen an den BHS dazu geeignet sind, herkunftsbedingte Unterschiede auszugleichen und nicht einfach zu reproduzieren. Bacher hat einen solchen Effekt für die Faktoren sozialer Herkunft festgestellt[10]. Er führt dies auf die starke Berufsorientierung der Ausbildung an der BHS zurück, die den anschließenden Übergang in den Arbeitsmarkt in der Regel erleichtert. Die Abschlüsse der BHS können daher als relativ stark nachgefragt angesehen werden.

Relevanz der Forschung

Diese Dissertation verfolgt mehrere für die Wissenschaft relevante Ziele. Die empirische Analyse der Berufseinstiegsbedingungen von BHS-Absolventen in Oberösterreich gibt wichtige Einblicke in die soziale Realität mit dem Fokus auf wichtige Vergesellschaftungsprozesse. Wie erwähnt sind Bildungsabschlüsse für individuelle Erwerbskarrieren wie Lebenschancen von hoher Bedeutung. Daher ist es wichtig, das Erreichen des BHS-Abschlusses auf die Abhängigkeit einiger zentraler Variablen (soziale

[10] Bacher (2003)

Herkunft, regionale Herkunft und Geschlecht) zu beziehen, um ungleiche Chancenverteilung sichtbar zu machen. Und das ist nicht nur eine „neutrale“ soziologische Erkenntnis, sondern letztlich Indikatoren für soziale und politische Probleme. Zusätzlich kann in Form einer Evaluierung der Berufsbildenden Höheren Schulen gezeigt werden, welche Effekte diese Form der Ausbildung auf die Reproduktion sozialer Ungleichheit (makrosozial) und auf individuelle Berufskarrieren (mikrosozial) haben kann. Daran können Überlegungen zu organisatorischer und pädagogisch-didaktischer Gestaltung der BHS wie zur Ausweitung der BHS angestellt werden.

Darüber hinaus wird die Anregung von Bacher aufgegriffen, die mikrosozialen Wirkungszusammenhänge der Reproduktion sozialer Ungleichheit näher und grundlegend zu untersuchen[11]. Das heißt, wie sich die soziale Herkunft, wie Faktoren wie Bildungsgrad der Eltern, Einkommen, regionale Herkunft oder Konfession sich konkret differenzierend auswirken und Bildungsentscheidungen und Erwerbsbiographien mitbestimmen. Studien gibt es dazu bspw. bezogen auf Migranten[12], und für ganz Österreich auf quantitativer Basis in Form

[11] Bacher (2003): 23

[12] Wallace/Wächter et. al. (2007

eines Familienmikrosimulationsmodell[13], allerdings fehlen spezifische Untersuchungen zu Oberösterreich und auch qualitativer Basis. In der biographisch orientierten, auf Bildungsentscheidungen zentrierten Befragung von Absolventen können gleichzeitig die Rationalität ihrer Entscheidungskalküle wie die Bedingtheit ihres Denkens und Abwägens durch ihre sozio-kulturelle Herkunft erhoben werden.

Methode

Die methodische Vorgehensweise der geplanten Untersuchung orientiert sich am multimethodischen Ansatz, der Elemente der quantitativen und qualitativen Analyse kombiniert. Die Methoden- und Datentriangulation, also die Kombination verschiedener Datenerhebungs- und Analyseverfahren, bietet sich an, um die Spezifika eines Ansatzes mit den Spezifika eines anderen zu ergänzen, was auf der Annahme basiert, dass multiple und unabhängige Methoden nicht die gleichen Schwächen und Verzerrungspotentiale enthalten wie die Einzelmethoden. Durch die Multimethodik kann einerseits eine additive Wirkung erzielt werden, die eine Erhöhung der Validität der

13 Spielauer/Schwarz/Städtner/Schmid (2003)

Ergebnisse zur Folge haben kann. Andererseits führt der Einsatz verschiedener Erhebungs- und Analyseverfahren nicht notwendigerweise zu den gleichen Ergebnissen, was als Vorteil der Methodentriangulation gesehen werden kann, da komplementäre Ergebnisse die Beleuchtung verschiedener Facetten eines Phänomens ermöglichen. Die Kombination von qualitativen und quantitativen Methoden bedeutet nicht nur, dass der Untersuchungsgegenstand aus unterschiedlichen Perspektiven beleuchtet wird, sondern auch, dass ein tieferes und besseres Verständnis des Forschungsgegenstandes erreicht werden kann.

Als methodische Elemente sollen im Rahmen der Untersuchung eine repräsentative Erhebung in Form der Absolventenbefragung sowie strukturierte Interviews und Expertenbefragungen zum Einsatz kommen. Die Untersuchung soll als Kombination von Elementen der Querschnitts- und der Längsschnittdiagnose durchgeführt werden, um sowohl Merkmalsausprägungen innerhalb der zu untersuchenden Gruppen als auch Merkmalsveränderungen in einem definierten Zeitintervall berücksichtigen zu können. Als Stichprobe sollen neben Experten zur Thematik der Berufsbildungsforschung, deren Aussagen im Sinne eines Außenkriteriums betrachtet werden können, verschiedene Jahrgänge von Absolventen der Berufsbildenden Höheren Schulen aus Linz aquiriert werden, um dem Anspruch der Längs- und Querschnittuntersuchung gerecht werden zu können. Die Fragebogenerhebung an den Absolventen stellt die Basis für die quantitativen Daten dar, die einer statistischen Auswertung zugänglich gemacht und nachfolgend ergänzt werden sollen durch strukturierte Interviews sowie Expertenbefragungen, die einer qualitativen Auswertungsstrategie unterliegen sollen. Mit der geplanten Integration verschiedener Erhebungs- und Analyseverfahren in der Untersuchung soll eine Konvergenz von Ergebnissen sowie deren Komplementarität angestrebt werden.

Die qualitativen Befragungen haben zwei Aufgaben. 1. erheben sie individuelle Bildungs- und Berufsverläufe aus biographischer Sicht. So werden Entscheidungsprozesse deutlich. 2. wird die sozio-kulturelle Herkunft der Befragten ermittelt. Dies erfolgt in Orientierung an der Kapitaltheorie von Pierre Bourdieu. Danach wird der Einfluss sozialer Herkunft über die Ausprägung von ökonomischem Kapital (Einkommen/Vermögen der Herkunftsfamilie), sozialem Kapital (Statusposition, Beziehungsnetzwerke der Familie) und kulturellem Kapital (Nähe der Familie zu sozial hochgeschätzten

Bildungsgütern und Inhalten) operationalisiert. Das erlaubt die Einordnung der Befragten in die Milieulandschaft der Sinus-Milieus Österreich – die ja gleichzeitig auch die soziale Hierarchie abbilden[14].

Die qualitative Befragung ermöglicht zudem die Erhebung eines längeren biographischen Ausschnittes der Befragten. Diese Zeitdimension ist für die Beantwortung der oben gestellten Fragen sehr wichtig, da sich die angenommenen Auswirkungen allmählich im Erwerbsverlauf auswirken, nicht allein am einmaligen, punktuellen Ereignis des (ersten) Berufseinstiegs festzustellen sind. Eine Panelerhebung mit mehrjährigen Pausen zwischen den Erhebungswellen, bietet sich als denkbare Alternative aufgrund der zeitlichen Begrenzung des Dissertationsprojekts nicht an.

Der Mikrozensus ist für diese Fragestellung eine relevante Datenquelle, da hieraus Vergleichsdaten gewonnen werden können. Es handelt sich dabei um eine begrenzte Panelbefragung, d. h. nach viermaliger Befragung scheiden Haushalte aus und neue werden aufgenommen; somit stehen aber individualisierte Längsschnittdaten zur Verfügung. Damit können

---

14 www.sinus-sociovision.de/Download/microm_navigationssystem_a.pdf

individuelle Bildungsverläufe dargestellt werden. Diese wiederum können in Abhängigkeit von anderen erhobenen Faktoren wie soziale Herkunft, ethnische Herkunft, Region usw. untersucht werden (mittels Faktorenanalyse in SPSS). Auf diese Weise ist eine Gesamtschau über den Eintritt von Jugendlichen in den Arbeitsmarkt möglich, wie auch eine begrenzte Darstellung auf die Absolventen der BHS.

Gliederung

2.2 Berufsfindungsforschung (Grundlagen, Methoden, Ziele, Forschungsstand)

2.3 Berufswahl und Lebensplanung in der gegenwärtigen Moderne

Welche Strategien und welchen Normen und Wertvorstellungen folgen Individuen

Wert-Erwartungstheorie (Esser/Becker) zur Erklärung individuellen Handelns

3. Die Bildungsidee im österreichischen Bildungswesen

Bildungsplan (Rechtliche Grundlagen, Bildungs- und Erziehungsplan)

4. Methodik

Forschungsdesign

Operrationalisierung der Forschungsfrage(n)

Stichprobengewinnung und Stichprobencharakteristik

Erhebungsinstrumente (Entwicklung, Überprüfung)

Durchführung der Erhebungen (Zeitrahmen, Einsatz der Instrumente)

Datenaufbereitung und Datenanalyse

5. Befunde und Schlussfolgerungen

Darstellung der deskriptiven Daten zur Stichprobe (allgemeine und differenzierte Befunde zu den Absolventengruppen)

Darstellung der quantitativen Daten als Cluster der Karrieretypen (Gesamtstichprobe, Differenzierung nach Schulabschluss)

Interpretation von eventuellen Gemeinsamkeiten und Unterschieden oder Besonderheiten

Darstellung der qualitativen Daten der Experteninterviews (Merkmale, Interpretation, Aussagen zur Plausibilität der quantitativen Befunde)

6. Zusammenfassung und Ausblick

Beantwortung der Forschungsfrage(n)

Reflexion der Untersuchung und Methodik

Einbettung in Forschungsstand

Perspektiven, Modifikationen

6 Bibliographie

Achtenhagen, F. (2003): Meilensteine der beruflichen Bildung. Band 1-3. Bielefeld. Bertelsmann.

Alex, L. & Weisshuhn, G. (1980): Ökonomie der Bildung und des Arbeitsmarktes. Hannover: Schroedel.

Alteneder, W. & Wagner-Pinter, M. (2006): Der Ersteinstieg am österreichischen Arbeitsmarkt. Wien: Communicatio.

Alteneder, W. (2007): Wie gut gelingt der Berufseinstieg nach dem Lehrabschluss?. Wien: Communicatio.

Altrichter, H. & Posch, P. (1996): Mikropolitik der Schulentwicklung. Förderliche und hemmende Bedingungen für Innovationen in der Schule. Innsbruck, Wien: Studien-Verlag.

Altrichter, H., Schley, W. & Schratz, M. (1998): Handbuch zur Schulentwicklung. Innsbruck, Wien: Studien-Verlag.

Avenarius, H., Baumert, J., Döbert, H. & Füssel, H.P. (1998). Schule in erweiterter Verantwortung. Neuwied: Luchterhand.

Bacher, J. (2003): Soziale Ungleichheit und Bildungspartizipation im weiterführenden Schulsystem Österreichs. In: Österreichische Zeitschrift für Soziologie, H. 3, Jg. 28, S. 3-32,

Bachmann, H. et al. (1996): Auf dem Weg zu einer besseren Schule. Evaluation der Schulautonomie in Österreich. Auswirkungen der 14. SchOG-Novelle. Reihe Bildungsforschung Band 11, Innsbruck, Wien: Studien-Verlag.

Beck, U., (1986): Risikogesellschaft. Auf dem Weg in eine andere Moderne, Suhrkamp Verlag, Frankfurt/Main

Beck, U./Giddens, A./Lash, S., (1996): Reflexive Modernisierung, Suhrkamp Verlag, Frankfurt/Main

Beck, U./Beck-Gernsheim, G. (1994): Individualisierung, in: dies. (Hrsg.), Riskante Freiheiten, Suhrkamp Verlag, Frankfurt/Main

Becker, R. (2000): Klassenlage und Bildungsentscheidungen. Eine empirische Anwendung der Wert-Erwartungstheorie. Kölner Zeitschrift für Soziologie und Sozialpsychologie 52 (2000), Heft 1 S. 55-79

Begemann, P. (2005): Die ersten 100 Tage im Job. Frankfurt/Main: Eichborn.

Benteler, P. (1995): Modellversuchsforschung als Berufsbildungsforschung. Köln: Botermann & Botermann.

Berthel, J. & Koch, H.E. (1985): Karriereplanung und Mitarbeiterförderung, Stuttgart: Becker.

Blossfeld, H.P. (1985): Berufseintritt und Berufsverlauf. Eine Kohortenanalyse über die Bedeutung des ersten Berufs in der Erwerbsbiographie, Mitteilungen aus der Arbeitsmarkt- und Berufsforschung 2, S. 177-197.

Blossfeld, H.P. (1989): Kohortendifferenzierung und Karriereprozess, Frankfurt/Main.

Böhmann, M. & Hoffmann, K. (2002): Kursbuch Berufseinstieg. Weinheim: Beltz.

Bortz, J. & Döring, N. (2005): Forschungsmethoden und Evaluation für Human- und Sozialwissenschaftler. Berlin, Heidelberg, New York: Springer.

Bonz, B. (2001): Didaktik beruflicher Bildung. Baltmannsweiler.

Bourdieu, P. (1987): Sozialer Sinn. Kritik der theoretischen Vernunft. Suhrkamp Verlag, Frankfurt/Main

Bourdieu, P. (1983): Ökonomisches Kapital, kulturelles Kapital, soziales Kapital. In: Kreckel, R. (Hrsg.): Soziale Ungleichheiten. Soziale Welt Sonderband 2, Verlag Otto Schwarz & Co, Göttingen, S. 183-198

Bourdieu, P. (1982): Die feinen Unterschiede, Suhrkamp Verlag, Frankfurt/Main

Bourdieu, P./Passeron, J.-C. (1971): Die Illusion der Chancengleichheit. Untersuchungen zur Soziologie des Bildungswesens am Beispiel Frankreichs, Klett-Cotta, Stuttgart

Bundesministerium für Arbeit, Gesundheit und Soziales (BMAGS) / Bundesministerium für Unterricht und Kulturelle

Angelegenheiten (BMUKA) / Bundesministerium für Wissenschaft und Verkehr (BMWV) (1998): Österreich – Bildung und Berufsbildung. Ein Überblick. Wien: Eigenverlag.

Bundesministerium für Unterricht und Kulturelle Angelegenheiten (BMUKA) (1999): Internetpublikation „Das heutige Schulwesen". http://www.bmuk.gc.at/pbildg/. Wien.

Bundesministerium für wirtschaftliche Angelegenheiten (BMwA) (1999): Berufsbildungsbericht 1999 – Bericht über die Berufsausbildung und berufliche Weiterbildung in Österreich. Wien: Eigenverlag.

CEDEFOP (1998): Das Berufsbildungssystem in Österreich. Thessaloniki.

Cichowski, R.R. (1995): Erfolg im Beruf. Genf: Ariston.

Czycholl, R. (2000): Berufsbildung, Berufsbildungspolitik und Berufsbildungsforschung auf dem Wege in das dritte Jahrtausend. Oldenburg: Bis.

Davidovits, D. (2004): Matura, was jetzt?. Wien: Linde.

Dedering, H. (1996): Handbuch zur arbeitsorientierten Bildung. München: Oldenbourg.

Dehnbostel, P. (1995): Didaktik moderner Berufsbildung. Bielefeld: Bertelsmann.

Deutschmann, C. (2002): Postindustrielle Industriesoziologie. Theoretische Grundlagen, Arbeitsverhältnisse und soziale Identitäten. Juventa Verlag, Weinheim und München

Diekmann, A. (2003): Empirische Sozialforschung. Grundlagen, Methoden, Anwendungen, 10. Auflage, Hamburg: Reinbeck.

Dorninger, C. & Lauterbach, U. (1996): Länderstudie Österreich. In: Lauterbach, U. (2001): Internationales Handbuch der Berufsbildung. S. A–1-75.

Draxler, K. (2002): Berufsbiographien. Universität Linz: Dissertation.

Dybowski, G. (1993): Berufliche Bildung und betriebliche Organisationsentwicklung. Bremen: Donat-Verlag.

Ebster, C. & Stalzer, L. (2003): Wissenschaftliches Arbeiten für Wirtschafts- und Sozialwissenschafter. Wien

Eder, F. (2002): Qualitätsentwicklung und Qualitätssicherung im österreichischen Schulwesen. Innsbruck, Wien: Studien-Verlag..

Erzberger, C. (1995): Die Kombination von qualitativen und quantitativen Daten: Methodologie und Forschungspraxis von Verknüpfungsstrategien, ZUMA-Nachrichten 36, S. 35-60.

Euler, D. (1998): Berufliches Lernen im Wandel – Konsequenzen für die Lernorte?. Nürnberg: Verlag der BfA.

Fend, H. (1998): Qualität im Bildungswesen. Schulforschung zu Systembedingungen, Schulprofilen und Lehrerleistung. Weinheim, München: Juventa.

Gruber, E. (2001): Beruf und Bildung - (k)ein Widerspruch? Innsbruck, Wien: Studien-verlag.

Grundmann, M./Groh-Samberg, O., et. al. (2003): Milieuspezifische Bildungsstrategien in Familie und

Gleichaltrigengruppe. In: Zeitschrift für Erziehungswissenschaft 6 (2003) Heft 1, S. 25-45

Heinz, W. R. (1995): Arbeit, Beruf und Lebenslauf. Eine Einführung in die berufliche Sozialisation. Juventa Verlag, Weinheim und München

Hofstätter, M. (1994): Berufskarrieren von Absolventen und Absolventinnen Berufsbildender Mittlerer Schulen (BMS). Wien: ÖIBF.

Hitzler, R. & Pfadenhauer, M. (2003): Karrierepolitik. Beiträge zur Rekonstruktion erfolgsorientierten Handelns, Opladen: Leske & Budrich.

Ingenkamp, K. (1985): Lehrbuch der Pädagogischen Diagnostik. Weinheim, Basel: Beltz.

Jahoda, M. (1983): Wieviel Arbeit braucht der Mensch?. Weinheim: Beltz.

Jonke-Hauptmann, E. & Rammel, B. (1996): Einrichtungen zur Förderung der Berufswahlfähigkeit. Frankfurt/Main: Lang.

Junge, M. (2002): Individualisierung. Campus Verlag, Frankfurt/Main & New York

Kaimberger, G. (1986): Berufswahlreife und berufliche Werthaltungen. Universität Linz: Diplomarbeit.

Kristen, C. (2003): Ethnische Unterschied im deutschen Schulsystem, in: APuZ B 21-22/03

Lamnek, S. (2005): Qualitative Sozialforschung, 4. Auflage, Weinheim, Basel: Beltz.

Lauterbach, U. (2001): Internationales Handbuch der Berufsbildung. Baden-Baden: Nomos.

Lemmer, R. (1998): Einsteigen und Aufsteigen. Hamburg: Hoffman & Campe.

Lempert, W. (2002): Berufliche Sozialisation oder Was Berufe aus Menschen machen. Hohengehren, Baltmannsweiler: Schneider Verlag.

Lutz, B. (1987): Arbeitsmarktstruktur und betriebliche Arbeitskräftestrategie. Eine theoretisch-historische Skizze zur Entstehung betriebszentrierter Arbeitsmarktsegmentation, Frankfurt/Main: Lang.

Mayring, P. (2002): Einführung in die qualitative Sozialforschung, 5. Auflage, Weinheim, Basel: Beltz.

Meusburger, P. (1998): Bildungsgeographie. Wissen und Ausbildung in der räumlichen Dimension. Heidelberg: Spektrum.

Meyer, R. (2006): Theorieentwicklung und Praxisgestaltung in der beruflichen Bildung. Bielefeld: Bertelsmann.

Mikl-Horke, G. (2000): Industrie- und Arbeitssoziologie, R. Oldenbourg Verlag, München

Pasero, U. (2004): Organisationen und Netzwerke. Wiesbaden: VS-Verlag.

Peterke, J. (2006): Handbuch Personalentwicklung. Berlin: Cornelsen.

Radtke, F.-O. (2004): Die Illusion der meritokratischen Schule. Lokale Konstellationen der Produktion von

Ungleichheit im Erziehungssystem, IMIS-Beiträge 23/04, Institut für Migrationsforschung und Interkulturelle Studien, Universität Osnabrück

Rauner, F. (2005): Handbuch Berufsbildungsforschung. Bielefeld: Bertelsmann.

Schanz, H. (2001): Berufs- und wirtschaftspädagogische Grundprobleme. Hohengehren, Baltmannweiler: Schneider-Verlag.

Schlögl, P & Lachmayr, N. (2004): Motive und Hintergründe von Bildungswegentscheidungen in Österreich. Eine repräsentative Querschnittserhebung im Herbst 2003. Wien: ÖIBF.

Schlossar, S. (2001): Berufsbildungssysteme in Österreich und Kroatien. Frankfurt/ Main: Lang.

Schneeberger, Arthur (1999): Die Zukunft der beruflichen Bildung in Österreich. Antworten auf den sozialen und wirtschaftlichen Wandel (=Reihe Bildung und Wirtschaft des Instituts für Bildungsforschung der Wirtschaft, Nr. 6), August 1999. 42 S.

Schneeberger, Arthur (1998): Die österreichische HTL-Ausbildung – Als Beispiel einer anerkannten Ingenieurausbildung auf der oberen Sekundarstufe. Studie, verfasst im Auftrag des Bundesministerium für Unterricht und kulturelle Angelegenheiten (BMUkA) Sektion Berufsbildung (Hrsg.) mit finanzieller Beteiligung der Kommission der Europäischen Gemeinschaften. Wien 1998.

Schreyögg, G. (1999): Organisation und Postmoderne. Grundfragen-Analysen-Perspektiven. Wiesbaden: Gabler.

Schuler, H. (2004): Organisationspsychologie. Göttingen: Hogrefe.

Sesselmeier, W. & Blauermel, G. (1998): Arbeitsmarkttheorien. Heidelberg: Spekrtum.

Sinus Sociovision (o. J.): Milieulandschaft Österreich. URL: www.sinus-sociovision.de/ Download/microm_navigationssystem_a.pdf

Sommer, K.H. & Bauer, H.G. (1996): Bildungsforschung, Modellversuche und berufspädagogische Projekte. Esslingen: Deugro.

Spielauer, M./Schwarz, F./Städtner, K./Schmid, K. (2003): Family and education intergenerational. Educational transmission within families and the influence of education on partner choice and fertility ; analysis and microsimulation projection for Austria, Schriftenreihe des Österreichischen Instituts für Familienforschung, Nr. 11, Wien

Steimer, G. (2001): Arbeits- und Lebensformen in der Zukunft. Zürich: Vontobel-Stiftung.

Stolte, D. (2005): Karriere-Fragen. Berlin: Econ.

Thom, N.(2007): Moderne Personalentwicklung. Mitarbeiterpotenziale erkennen, entwickeln und fördern. 2. Auflage. Wiesbaden: Gabler.

Thonhauser, J.(1977): Determinanten unterschiedlicher Bildungswünsche. Untersuchungen über die Bedingungen des Zugangs zu allgemeinbildenden und berufsbildenden höheren Schulen. Wien: ÖIBF.

Vester, M., (2004): Die Illusion der Bildungsexpansion, Bildungsöffnungen und soziale Segregation in der Bundesrepublik, in: Engler, S./Krais, B., (Hrsg.), (2004), Das kulturelle Kapital und die Macht der Klassenstrukturen, Sozialstrukturelle Verschiebungen und Wandlungsprozesse des Habitus, Juventa Verlag, Weinheim und München

Wallace C./Wächter N. et. al. (Hrsg.), (2007): Jugendliche MigrantInnen in Bildung und Arbeit. Auswirkungen von Sozialkapital und kulturellem Kapital auf Bildungsentscheidungen und Arbeitsmarktbeteiligung. Österreichisches Institut für Jugendforschung, Wien

Windzio, M. (2000): Ungleichheiten im Erwerbsverlauf. Individuelle Ressourcen, soziale Schließung und vakante Positionen als Determinanten beruflicher Karrieren. Herbolzheim: Centaurus.

http://www.bmbwk.gv.at (Bundesministerium für Bildung, Wissenschaft und Kultur)

http://www.ausbilder.at (Netzwerk zur Unterstützung und Forcierung der Ausbildung der Ausbilder) http://www.wk.or.at (Wirtschaftskammer Österreich)

2. Muster-Exemplar eines bereits eingereichten und angenommenen Exposés aus Sozialwissenschaften

Nachfolgend ein weiteres Muster-Exemplar eines bereits eingereichten Exposés aus Sozialwissenschaften.

Thema: Austauschbeziehungen bei sozialen Dienstleistungen

Status: Genehmigte Magisterarbeit

Exposé

der Diplomarbeit zur Erlangung
des akademischen Grades eines Magisters der Sozial-
und Wirtschaftswissenschaften

Thema:	**„Austauschbeziehungen bei sozialen Dienstleistungen"**
Universität:	Johannes Kepler Universität Linz Institut für Gesellschafts- und Sozialpolitik
vorgelegt von:	Mag. Gerald Seibold, MBA MPA

Darstellung des Forschungsvorhabens

Das starke Wachstum der Dienstleistungsbranche und die wachsenden Ansprüche an Dienstleistungen, gerade auch im Bereich der ‚Sozialen Dienstleistungen', führen heute dazu, das der ‚Dienstleistungsproduktion' und den sozialen Dimensionen dieser Austauschbeziehung eine besondere Bedeutung zugemessen wird.[15]

In der anzufertigenden Ausarbeitung werden, ausgehend von einer Begriffs- und Wesensbestimmung von ‚Sozialen Dienstleistungen', zunächst ihre spezifischen Merkmale *‚Nachfrageorientierung'*, *‚meriotisches Gut'* und *‚uno-actu-Prinzip'* grundlegend erläutert.

Definitionen und Abgrenzungen

Dienstleistungen sind allgemein als selbständige (marktfähige) Leistungen definiert, die auf die Bereitstellung und den Einsatz von Potentialfaktoren (im Wirtschaftsprozess) gerichtet sind.[16]

---

15 Vgl. einführend Meffert / Bruhn (2003), S. 3 ff.; Corsten / Gössinger (2007).

16 Vgl. Meffert / Bruhn (2003), S. 27 ff. und die dortige Definition auf S. 30.

Merkmale von Dienstleistungen auf der Angebotsseite sind:[17]

- es handelt sich bei ihnen um abstrakte, immaterielle Leistungen (z. B. die Kenntnisse eines Beraters).
- sie sind nicht lagerfähig, sondern werden im Moment ihrer Erbringung geleistet (uno – actu - Prinzip).
- sie sind häufig personalintensiv, da auf einzelne Personen bezogen (personale Dienstleistungen).
- sie sind oftmals individuell ausgerichtet und daher schwer standardisierbar.[18]

17 Vgl. auch die 'Faktoren der Dienstleistungsproduktion' bei Meffert / Bruhn (2003), S. 50 ff.

18 Vgl. ebd.; siehe auf S. 36 auch die Bestimmung des 'Individualisierungsgrades' (customiza-tion).

Auf der Nachfrageseite kommen folgende Spezifika hinzu:

- sie stellen häufig einen ‚Adressaten' (oder auch eine ‚Kundenbeziehung') in den Mittelpunkt, und zeichnen sich durch direkte, und in der Regel auch intensive, Beziehungen zur ‚Nachfrageseite' aus,
- die Adressaten einer Dienstleistung sind an der Leistungserstellung beteiligt (z. B. die Umsetzung einer Beratungsleistung).[19]

Diese allgemeine Abgrenzung von ‚Dienstleistung' zeigt bereits, dass hiermit ein sehr breites Spektrum von immateriellen Leistungen angesprochen wird. Daher kann es zur weiteren Abgrenzung sinnvoll sein, im Wirtschaftsleben z. B. zwischen konsumtiven und investiven Dienstleistungen zu unterscheiden. ‚Konsumtive Dienstleistungen' werden zum Verbrauch erbracht, und sind in der Regel an Konsumgüterhaushalte (Endverbraucher) gerichtet. [20] Dagegen ist das spezifische Kennzeichen von ‚investiven Dienstleistungen', dass sie mit ihrer Erbringung als

19 Vgl. auch den so genannten ‚Interaktionsgrad', Meffert / Bruhn (2003), S. 36.

20 Vgl. Hübscher (o. J.), S. 2 f.

Faktoren in den wirtschaftlichen (Produktions-) Prozess wieder eingehen. Es ist allerdings auch möglich, dass eine erbrachte Dienstleistung sowohl konsumtiv als auch investiv verwendet werden kann.

Als vorläufige Arbeitsdefinition von ‚investiven Dienstleistungen' soll daher zunächst sehr allgemein angeführt werden:

„Investive Dienstleistung ist die Erbringung einer ... Leistung, wobei der Dienstleistungsempfänger ein Unternehmen (als Investor) ist."[21]

Bei ‚Sozialen Dienstleistungen' stehen in besonderem Maße die spezifischen Anforderungen der Adressatenseite im Mittelpunkt, die in der Regel eine intensive Beziehung des Dienstleisters zum Kunden erfordern und ein hohes Maß an Beratung umfassen. [22]

Auf Grund der ‚Immaterialität' einer Dienstleistung ist ihre Bewertung auf Seiten des Kunden immer erst nach ihrer Erstellung möglich, und setzt daher auf seiner Seite ein erhöhtes ‚Vertrauen' in den Prozess der Leistungserstellung voraus.[23]

---

21 Vgl. ebd., S. 3.

22 Vgl. hierzu Bruhn / Homburg (2005).

23 Vgl. zu der - den Dienstleistungen immanente -

Soziale Dienstleistungen lassen sich im Hinblick auf Austauschbeziehungen und ihre generelle ‚Marktfähigkeit' systematisieren, indem sie nach den Ebenen ‚Potential', ‚Prozess ihrer Erstellung' und ‚Ergebnis' unterschieden werden.[24]

Wenn die ‚Fähigkeit' oder auch nur die ‚Bereitschaft' eines Dienstleistungsanbieters zur Erbringung einer Dienstleistung im Mittelpunkt der Betrachtung steht, ist der Ansatzpunkt für eine potentialorientierte Sichtweise gegeben. Das Absatzobjekt ist hier das Dienstleistungspotential: der Anbieter gibt in dieser Betrachtungsweise ein (immaterielles) Leistungsversprechen ab.

Die ständige Leistungsbereitschaft ist eine notwendige Voraussetzung für die Dienstleistungserbringung, da bei Dienstleistungen generell mögliche Absatzschwankungen nicht durch Lagerhaltung ausgeglichen werden können.[25]

‚Unsicherheitskomponente' auch Meffert / Bruhn (2003), S. 56

24 Vgl. zur Charakterisierung der Eigenschaften von Dienstleistungen auch Rushton / Carson (1989), S. 26 f.; Meffert / Bruhn (2003), S. 28 ff.

25 Vgl. Vosberg (2003), S. 21 f.; Noch (1995), S. 18/19.

Die prozessorientierte Sichtweise stellt hingegen die Übertragung von Leistungsfähigkeiten auf externe Faktoren, die vom Dienstleistungsnachfrager in den Erstellungsprozess eingebracht werden, in den Fokus der Betrachtung.

Diese Integration von externen Faktoren ist jedoch für den Dienstleistungsanbieter mit Unsicherheit verbunden, da sowohl die Präsenz als auch die informatorische Mitwirkung des Nachfragers ex ante nicht (vollständig) planbar sind.[26]

Die ergebnisorientierte Sichtweise versteht die Dienstleistung als das Ergebnis der Dienstleistungstätigkeit: dieses kann eine Zustandsänderung oder –erhaltung des externen Faktors in sachlicher, zeitlicher, räumlicher und / oder rechtlicher Hinsicht sein.

Aufgrund des überwiegend immateriellen Charakters von Dienstleistungen entstehen in der Regel aber Schwierigkeiten bei der Ergebnisquantifizierung bzw. der Bewertung der Ergebnisqualität. Daher werden oftmals

26 Vgl. ebd.

auch materielle oder immaterielle Ersatzindikatoren zur Bewertung von Dienstleistungen herangezogen. [27]

Im Hinblick auf ;Austauschbeziehungen' und die ‚generelle Marktfähigkeit' von Dienstleistungen ist auch die grundsätzliche ‚*Eigenfertigungs-Fremdbezugs-Entscheidung*' bzw. die ‚*Outsourcing – Thematik*' insgesamt angesprochen, die in den Wirtschaftswissenschaften schon lange untersucht wird: von Coase (1937)[28] entwickelt, hat sich z. B. die Transaktionskostentheorie[29] als ein zentraler Ansatz zur Analyse von ‚Eigenfertigungs-Fremdbezugsentscheidungen' bewährt.[30]

Daneben werden zu ihrer Untersuchung auch „*klassische*" betriebswirtschaftliche Kostenvergleichsrechnungen sowie Ansätze des ‚Strategischen Managements' verwendet.[31] Denn wenn mit ‚sozialen Dienstleistungen' die externe Erbringung von Funktionen im Wirtschaftsprozess geleistet werden, dann

27 Vgl. ebd.

28 Vgl. Coase (1937).

29 Vgl. im Kontext der Personalwirtschaft Drumm (2005), S. 19 ff.

30 Vgl. hierzu insbesondere Williamson (1990); Williamson/Wachter/Harris (1975); Picot (1982); Picot/ Reichwald/Wiegand (2003).

31 Vgl. zusammenfassend Vosberg (2003).

müssen auch die Ziele der betrieblichen Wirtschaft, welche die effiziente Gestaltung von Verhältnissen vor dem Hintergrund knapper Ressourcen und Umweltunsicherheit sind, vom Dienstleister entsprechend übernommen und entsprochen werden. Um diese Ziele zu erreichen, ist es dann erforderlich, eine möglichst hohe Übereinstimmung zwischen den Anforderungen an die Arbeitsaufgaben (Leistungsprofile) und den Fähigkeitsprofilen der (potentiellen) Dienstleister zu ereichen. Ineffizienzen sind dabei zu vermeiden, um die langfristige Sicherung der (Human-) Ressourcen zu gewährleisten.

Dienstleistungstheorie

Konzepte der soziologischen Dienstleistungsforschung können für die Analyse von Austauschbeziehungen bei Sozialen Dienstleistungen genutzt werden. Für ‚Soziale Dienstleistungen' stellen sich, wie für Dienstleistungen allgemein, jedoch eine Reihe von grundlegenden Probleme, die die Dienstleistungsproduktion in besonderer Weise betreffen.

‚Soziale Dienstleistungen' sind personenbezogen: die Dienstleistung wird gleichzeitig („uno actu") erzeugt und konsumiert. Daher müssen Dienstleister und Adressaten bei der Leistungserbringung zusammenwirken („*Koproduktion*",[32] „*Prosumtion*"[33]).

Dienstleistungen werden zudem nicht als fertiges Produkt, sondern als Leistungsversprechen - aufgrund eines „*unvollständigen Vertrags*" – angeboten.[34] Um die Dienstleistungserstellung überhaupt zu ermöglichen, sind zwischen Dienstleister und Adressat verschiedene Abstimmungsprobleme zu lösen:

- über den Gegenstand und das Ziel in der Erstellung einer Sozialen Dienstleistung sind Aushandlungsprozesse zwischen Dienstleister (die oftmals einen professionellen Hintergrund haben) und den Adressaten erforderlich, und eine Verständigung muss erfolgen.
- Die Beteiligten müssen auch auf der Handlungsebene kooperieren, um die Dienstleistung sinnvoll und effizient auszuführen.
- Dienstleister und Adressaten gehen einen „*unvollständigen Vertrag*" ein, da die Leistungserstellung erst in ihrer konkreten

32 Vgl. Badura / Gross (1976).

33 Vgl. BMWA (2005), S. 4 f.

34 Vgl. Dunkel / Weihrich (2003).

Ausführung erfolgen kann: ex ante ist über das Ergebnis der Dienstleistung noch nichts bekannt.

Gang der Untersuchung

Hier wird deutlich, das die Erstellung ‚Sozialer Dienstleistung' in hohem Maße von einer Grunddeterminanten jeglicher Austauschbeziehung, dem ‚Vertrauen', abhängig ist: Vertrauen sowohl in die Lösungskompetenz des Dienstleisters als auch bezüglich seines Leistungsversprechens.

Oftmals sind in der Produktion ‚Sozialer Dienstleistung' öffentliche (staatliche) Institutionen und intermediäre Organisationen involviert: dieses hat eine weitere Komplexität auf Seiten der Dienstleistungsproduktion zur Folge: bei der Bereitstellung und Ausführung ‚Sozialer Dienstleistungen' tritt dann eine dritte Abstimmungsebene hinzu. Die Leistung wird z. B. nicht durch den Adressaten selbst bezahlt, sondern durch einen Kostenträger (Organisation), der dem Aushandlungsprozess wiederum Regeln setzt. Die Dienstleistungen entstehen also nicht allein in Beziehungen zwischen dem Adressaten und dem Dienstleister, sondern in einem ‚Dreiecksverhältnis': die unterschiedlichen Voraussetzungen, Anforderungen und Perspektiven der drei Akteursgruppen (Kostenträger, Leistungsträger und ihre Fachpersonal sowie Adressaten) sind dann im Hinblick auf den Leistungsprozess zu erheben und abzugleichen.

Eine weitere spezifische Eigenschaft von ‚Sozialen Dienstleistungen' können nach dem Modell der „spezifischen oder „diffusen" Sozialbeziehung[35] erläutert werden: spezifische Dienstleistungsbeziehungen entstehen dann, wenn eine eng begrenzte Leistung erbracht wird, die beide Akteure nicht in ihrer Persönlichkeit berühren muss (z. B. Verkaufsverhandlungen). ‚Soziale Dienstleistungen' beziehen sich jedoch oft auf ein komplexes Gesamtgeschehen, das ein *„verstehendes Eingehen auf die ganze Person"* erfordert, *„das strukturell dem in diffusen Sozialbeziehungen üblichen gleicht"*.[36]

Es stellt sich in besonderem Maße auch die Frage, wie ‚asymmetrisch' die ‚Soziale Dienstleistungsbeziehung' ausgestaltet ist, und wie stark die Beteiligten z. B. auf bestimmte ‚Rollen' und (hierarchische) ‚Positionen' festgelegt sind. Beratungsbeziehungen sind z. B. grundsätzlich asymmetrisch angelegt, jedoch die Rollen sind nicht einseitig, sondern wechselseitig, verteilt. Die Ratsuchenden erteilen nämlich zunächst einen

35 Vgl. Oevermann 1996.

36 Vgl. Harrach u. a. (2000), S. 89.

Beratungsauftrag, und entscheiden nach der Dienstleistungserstellung darüber, ob der gestellte Rat z. B. ihrer Lebenssituation angemessen ist, und wie weit sie diesen überhaupt umsetzen möchten. In der Phase der Dienstleistungserstellung (eigentliche Beratungsphase) selbst unterstellen beide Seiten hingegen einen Kompetenzvorsprung des Beraters, der sich z. B. in der Festlegung des Beratungsverlaufes, der Gesprächsorganisation etc. begründet.

Aufgrund dieser (theoretischen) Problematik werden im Gang der Untersuchung ‚Soziale Austauschbeziehungen' - auch in Hinsicht auf den Steuerungsmechanismus ‚Markt' - eingehend untersucht, und insbesondere die Folgen von *„asymmetrischer Informationsverteilung"* für die Dienstleistungsproduktion erörtert.

Die Wirtschaftlichkeit (Effizienz) ‚Sozialer Dienstleistungsproduktion' und ihrer Messung (insbesondere auch durch Instrumente der Qualitätssicherung) sowie das Leistungsprogramm ‚Sozialer Dienstleistungsunternehmen' stehen sodann in den folgenden Kapiteln im Mittelpunkt. Hier zeigt sich in den vergangenen Jahrzehnten eine deutliche Ausweitung des Angebotes, auf dessen Gründe im einzelnen einzugehen ist.

Das Marktverhalten und die Leistungsgestaltung ausgewählter Sozialdienstleistungsunternehmen in Oberösterreich werden des weiteren exemplarisch erläutert, und im Fazit die Trends in Bezug auf das „*Bedürfnis- / Erwartungs-Dreiecks*" (Kostenträger, Dienstleister, Adressat) der Sozialwirtschaft in Oberösterreich aufgezeigt.

Literatur

Badura, B. / Gross, P. (1976): Sozialpolitische Perspektiven, Eine Einführung in Grundlagen und Probleme sozialer Dienstleistungen, München

Bartelheimer, P. / Dieckmann, H. / Reis, C. (2000): Teil A, Wissenschaftliche Begleitung; in: Ministerium für Arbeit und Soziales, Qualifikation und Technologie des Landes Nordrhein - Westfalen (MASQT) (Hrsg.), Modellprojekt „*Sozialbüros*", Endbericht, Düsseldorf

Bruhn, M. / Homburg C. (2005): Handbuch Kundenbindungsmanagement. Strategien und Instrumente für ein erfolgreiches CRM (5. überarb. u. erw. Auflage), Wiesbaden

Bundesministerium für Wirtschaft und Arbeit (BMWA) (2005): Leistungsbeschreibung für Untersuchungsfeld 2: Implementations- und Governanceanalyse; Ausschreibung zur Evaluation der Experimentierklausel nach § 6c SGB II, Berlin

Coase, R. (1937): The Nature of the Firm; in: Economica, 4, Heft 16, S. 386 – 405

Corsten, H. / Gössinger, R. (2007): Dienstleistungsmanagement, München

Drumm, H.-J. (2005): Personalwirtschaft (5. überarb. und erw. Aufl.), Berlin / Heidelberg u. a.

Dunkel, W. / Weihrich, M. (2003): Abstimmungsprobleme in Dienstleistungsbeziehungen. Ein handlungstheoretischer Zugang; in: Kölner Zeitschrift für Soziologie und Sozialpsychologie, 55, Heft 4 / 2003, S. 758 – 781

Harrach, E. - M. v. / Loer, Th. / Schmidtke, O. (2000): Verwaltung des Sozialen. Formen der subjektiven

Bewältigung eines Strukturkonflikts (mit Beiträgen von Oevermann, U. und Ley, Th.), Konstanz

Hübscher, R. (o. J.): Marketing. Eine Einführung: der Wirkungsverbund des Marketing-Mix, Zürich

Meffert, H. / Bruhn, M. (2003): Dienstleistungsmarketing. Grundlagen – Konzepte – Methoden. Mit Fallstudien (4. Aufl.), Wiesbaden

Oevermann, U. (1996): Skizze einer revidierten Theorie professionalisierten Handelns; in: Combe, A. / Helsper, W. (Hrsg.), Pädagogische Professionalität, Untersuchungen zum Typus pädagogischen Handelns, Frankfurt a. M., S. 70 - 182

Picot, A. (1982): Der Transaktionskostenansatz in der Organisationstheorie. Stand der Diskussion und Aussagewert; in: Die Betriebswirtschaft, 42, S. 267 - 284

Picot, A. / Reichwald, R. / Wigand, R. T. (2003): Die grenzenlose Unternehmung: Information, Organisation und Management (5. aktualisierte Aufl.), Wiesbaden

Rushton, A. M. / Carson, D. J. (1989): The Marketing of Services: Managing the Intangibles; in: European Journal of Marketing, 23, Heft 8, S. 23 - 44

Volkert, J. (2005): Das Capability - Konzept als Basis der deutschen Armuts- und Reichtumsberichterstattung; in: ders. (Hrsg.), Armut und Reichtum an Verwirklichungschancen, Amartya Sens' ‚Capability – Konzept' als Grundlage der Armuts- und-Reichtumsberichterstattung, Wiesbaden, S. 119 - 147

Vosberg, D. (2003): Der Markt für Personaldienstleistungen. Ökonomische Analyse von Nachfrage und Angebot, Wiesbaden

Williamson, O. E. (1990): Die ökonomische Institution des Kapitalismus. Unternehmen, Märkte, Kooperationen, Tübingen

Williamson, O. E. / Wachter, M. L. / Harris, J. E. (1975): Understanding the Employment Relation. Analysis of Idiosyncratic Exchange; in: Bell Journal of Economics, 6, Heft 1, S. 250 – 280

Schlusswort

In seinem Werk **Come si fa una tesi di laurea**, 1977 (dt. Wie man eine wissenschaftliche Abschlussarbeit schreibt. Doktor-, Diplom- und Magisterarbeit in den Geistes- und Sozialwissenschaften, übers. v. Walter Schick, 1989) spricht Umberto Eco klare Worte:

Eco rät nämlich in Notfällen:

"1. Eine vernünftige Summe investieren und sich die Arbeit von einem anderen schreiben lassen.

2. Eine an einer anderen Universität schon einige Jahre früher geschriebene Arbeit abschreiben."

Vom gleichen Autor sind im Verlag BoD noch folgende Bücher erschienen:

Doktorandus
Der schnelle Weg zum Doktortitel
ISBN 978-3-837-00803-6

Quantitative versus qualitative Forschung
ISBN 978-3-837-01707-6

Austauschbeziehungen bei sozialen Dienstleistungen
ISBN 978-3-837-04691-5